AF389757

Januargedichte

2024

Ulrich Selich

—

Illustrationen

Vera P. Frank

Bibliografische Information der Deutschen Nationalbibliothek: Die
Deutsche Nationalbibliothek verzeichnet diese Publikation in der
Deutschen Nationalbibliografie; detaillierte bibliografische Daten sind im
Internet über dnb.dnb.de abrufbar.

Die automatisierte Analyse des Werkes, um daraus Informationen
insbesondere über Muster, Trends und Korrelationen gemäß §44b UrhG
(„Text und Data Mining") zu gewinnen, ist untersagt.

© 2024 Ulrich Selich

Lektorat: Ralf Wynen
Fotos: Helmut Eversmann

Verlag: BoD · Books on Demand GmbH, In de Tarpen 42, 22848 Norderstedt

Druck: Libri Plureos GmbH, Friedensallee 273, 22763 Hamburg

ISBN: 978-3-7597-9634-9

1.

Nach der turbulenten Nacht
ist die Ruhe über den Straßen perfekt
da ist nicht mal ne Ahnung vom Feuerwerksrauch
nur Winterlicht plus Erinnerungshauch

Der leere Platz wird mir mit einem Mal Bühne
der Regisseur holt in meinem – aus seinem Kopf
den Plan für eine veritable Tragödie
doch die wird ihm unversehens zur Komödie

Des Königs Zunge stolpert über all die Silben
sein Kostüm füllt er so klapperdürr nicht aus
die viel zu schwere Krone nimmt ihm die Sicht
so findet der Mime seine Rolle nicht

Ich lobe mir diesen Vorstellungsraum
lache mit den hungrigen Geistern mit
die sich ins Licht stellen und deklamieren
und meinungsstark über Zeit und Leben räsonieren

2.

Als ich bereits im Kino saß
wusste ich mit einem Mal
warum ich mich für diesen alten Film entschied
und nicht für den über den gerade alles sprach

Ich erkannte die Straßen wieder
fast menschenleer und in Schwarzweiß
die mich als staunendes Kind so sehr bannten
und die ich danach dennoch bald vergaß

Das Vertraute zog mich jetzt an
das was ich zu kennen glaubte
dieses erinnerte Erschrecken über das Leben
ein Erkennen wie wir Menschen auch sind

Den Kinderblick hatte ich damals verloren
gewann ein Wissen einen Schatz aus Blei
und ging fortan mit neuer Schwerkraft
durch eine konkrete wie kaum zu fassende Welt

Mich lehrte heute dieses Wiedersehen
mich in meiner Zeit noch einmal neu zu sehen
indem ich was mich irgendwie auch prägte
als gemacht sah als Welt aus Schatten und Licht

3.

Ich pflücke eine Blume
und weiß mit einem Mal
was Wahrheit ist
und dass sie zu mir kommt
wie ein Wind über dem Dach

Ich fülle eine Vase
mit ausreichend Wasser
stelle die Blume hinein
bin Diener der Schönheit
und da ahne ich was Freiheit ist

Für einen Moment nur
erfüllen Duft und Farben
das Stillleben aus und ich
frage mich: Ist die Transzendenz
wohl nur noch hier zu Haus

4.

Alles Wahrheit! Alles Lüge!
ist der Titel eines Katalogs
zu einer Ausstellung mit
Fotografie des 19. Jahrhunderts

Über hundert Jahre später
sind wir nicht viel weiter
nur die Methoden sind noch feiner
im Belegen und Verbiegen

Das Virtuelle kennt keine Tugend
ist nicht Ziegel und Mörtel
deren Ablichtung aber schon ein Schritt
zu ungeahnten Möglichkeiten ist

In der Zeit in der das Wünschen noch half
halfen Feen den Bedrängten
bedeutete der Sieg über das Böse
aber auch dass mal ne Hexe brannte

Nur mit Vernunft war dem beizukommen
und aus Hexen und dunklen Gestalten
denen unsere Ängste galten
wurden Menschen mit denen zu reden war

Alles Wahrheit! Alles Lüge!
ist so absolut nicht und niemals wahr
aber die Spannung zwischen ihnen
prägt bis heute wer wir sind

5.

Der Hall kommt von weither
dringt ins Ohr
ein Schiff legt ab und sticht in See
die in Unruhe ist

Unter Böen beugen sich
die Wipfel vorm Fenster
leicht wie Halme
ein wogendes Feld

Ein Donner rollt heran
zerschellt in der Nacht
irgendwo erklingen Hymnen
als Segen und Weh

Wohin die Reise geht
zeigt kein Kompass
die Nadel verharrt im Norden
schon fällt der erste Schnee

6.

Gefesselt von einer Irritation
die Ohren zwar offen
doch nur für den Nachhall
von Schlägen und Schreien

Streitmacht um Streitmacht
verschwand aus der Zeit
dann fiel das Tor ins Schloss und dann
war da nur noch verlöschender Klang

Mein Schädel ist die Trennwand
zwischen Unruh und Ewigkeit
auf der Scheitellinie das All
im Atem sowas wie Weltgeist

Und vielleicht werde ich bald frei sein
um mit Queen Mabs Wagen
endlich loszufahren und wer weiß
sogar bis zu den Toren von Eden

7.

Das Verb können hat einen schönen Klang
da sind weder Härte noch Mühe
es fließt kein Schweiß sanft wie eine Böe
zeigt es was alles trotz allem möglich sein kann

Da ist die Sprache in der ich lebe
eine ganze Welt aus Worten die sich
wie jede Welt wandelt und ich übe
dabei und darin meine eigene Stimme

Ich kann was Neues aus ihr ersinnen
wie auch sie mich immer neu erschafft
und wenn ich Glück habe sehe ich dann
wie wir beide dabei ständig gewinnen

Sie ist der Fels die Mauer und der Stamm
an denen ich als ein Wortgewächs ranken kann
so geben wir uns Halt und Lebensraum Vögeln
die dies tagtäglich feiern mit großem Gesang

8.

Gott ist immer dabei
in den Momenten in denen du
glaubst du hast verstanden
und wenn du ratlos bist wie nie

Er ist dabei wenn du
im Café sitzt und die Ruhe
dich rastlos macht weil
du siehst da ist kein Ziel

Und er ist dabei wenn dein Hirn
Gedanken lanciert wie Inspiration
und euphorisiert zu feiern anhebt
und über allem Schweren schwebt

Gott ist immer dabei
in deinen Gebeten sowieso
aber auch in der Stille die
unerwartet endlich sprachlos ist

Auch wenn die Nacht sich senkt
auf die zugeschneite Stadt
und nur wenig zum Glück dir fehlt
auch dann ist er dabei

Und dreht eine Runde
im spurenlosen Schnee
und du hörst glaubst du:
Sieh doch, sieh!

9.

Es gibt diese Momente
in denen dies alles vergeblich scheint
und dennoch nimmst du Block und Stift
und beginnst

Und besinnst
dich auf die Freiheit die du
dir selbst genommen hast und verordnet
bis zum letzten Atemzug

Und es wirkt
und trägt dich fort von den Zweifeln
dorthin wo du von Neuem
zu gehen und zu sehen beginnst

Und weckt deine Neugier und Lust
und du legst los mit altbekannten Worten
die dich an die Hand nehmen wie Kinder
und sie ziehen dich aufgeregt hinaus

10.

Was geschieht geschieht
und ist wenn du Glück hast
wie Wetter und du wählst aus
was du zum Anziehen brauchst

Schicksal beginnt hier noch nicht
doch sucht es dich heim
fällt es her über Vorrat und Ernte
und du wirst schutzlos vorm Ungemach

11.

Ein Rumoren in der Nacht
das auch der Frost nicht stoppt
Beelzebub ist aufgewacht
und greift nach schwachen Seelen

Lichter flackern und verlöschen bald
im Dunkeln rasselt sein Atem
du spürst das Nahen der Gestalt
die bösartig hungrig ist und hart

Wir glaubten er sei für immer gegangen
dachten die Zeit sei gut endlich und frei
doch schon sind viele wieder gefangen
in Hass und selbstgerechter Raserei

12.

Zurück zur Blume
damit der Blick nicht hart
und ungerecht wird

Nicht so sehr die Rede
über sie ist heilsam als
vielmehr die Nähe zu ihr

Die perfekte Form
die für sich selber steht
in einem flüchtigen fraglosen Sein

Das Wort selbst ist Ode
alles an ihr feiert das Leben
das ihre Sanftheit so sehr braucht

13.

Mach deine Atemübungen
am offenen Herzen
vertrau dich der Schwerkraft an
stehen deine Sohlen auch
auf nichts als Unterwelt

Deine Stimmbänder schwingen
von gesprochenen Worten
von Liedern die hinaufsteigen
wie Vogelschwarmtänze
und von weit gereisten Mantras

Du verbeugst dich am Morgen
begrüßt das Licht und den Beginn
und endlich kannst du raus zu den Tieren
und mit ihnen südwärts ziehen

14.

Die breite Straße führt hinan
als stünde ich im Tal
an den Rändern türmt sich Schnee

Die Vorgärten sind unberührt
weiße unbeschriebene Bögen
die Stille vor dem Anfang

Ich gehe den Bergrücken im Blick
und sehe hinter den Fenstern
Augen die aufmerksam sind

Ich wittere den Atlantik
im eisigen Wind in dem eine Möwe
in gleißendem Sonnenlicht segelt

15.

Zum Glück habe ich ein Boot
um den Fluss zu überqueren
aber noch ist er zu breit und reißend
da warte ich habe ja keine Not

Manche Äste berühren die Flut
tanzen im Wellentakt auf und ab
als winkten sie dem vorbeitreibenden Totholz zu
das schon bald irgendwo als Treibgut ruht

Ich sitze am Ufer und es kommt mir in den Sinn
dass der Zufall so oft planvoll zu sein scheint
und das Wetter mit dem Schicksal im Bunde
und ich demnach vielleicht kein Wartender bin

16.

Ich lebe im Sediment
so viele Spuren
von so vielen Leben
und es ist nicht
Schicht auf Schicht
sondern komplett gemischt

Angeschwemmt wurden wir
wie all diese Stoffe
über lange Zeit
in einem Fließen
das zur Ruhe kommt
aber nie vollständig erstarrt

Kreislauf des Gesteins
in den auch Spuren
von meinem Leben
eingeschrieben sind
die mir zeigen:
auch wir gehören hierhin

17.

Das Wasser des Teichs
spiegelt einen Fliederbusch
ein Fisch schwimmt darin

Zwei Meisen tanzen
die Luft ist ihnen Tanzsaal
Himmel und Erde

Im Haiku finden die Dinge
ein Verhältnis zueinander
in einer bestimmten Zeit

Sie sind Bild gewordene Zeit
in dem einer neu sieht was
vertraut war und nun ist es schön

Zwischen Mensch und Natur
wächst in der Betrachtung Interesse
an diesem anderen Sein

18.

Diese Übung ist auch ein Versuch
ins Gespräch zu kommen
mit einem Teil von mir
oder auch mit dir
den ich nicht so genau benennen kann

Ich grüße dich in der Hoffnung
auf eine Reaktion
zügle aber die Erwartung
weiß einfach zu wenig über dich
und zu viel das sich widerspricht über mich

Wir könnten voneinander lernen
du von meinem Zagen von deiner Weltsicht ich
denn über allem bist du zu Hause
in einer Szenerie dagegen ich
die permanent sich wandelt

19.

Ich ging auf einem breiten Weg
begleitet von den wunderbaren Träumen
die mich in der Nacht erfreuten
und selbst das Frühstück noch versüßten

Auf trat dort ein Engel
der hochheilig mir versprach
dass der Frieden nahe sei und
den Kriegsherrn die Strafe sicher

Dann kam ich an einen Steg
unter dem das Wasser mächtig floss
betrat das nasse morsche Holz
und wusste dass mein Gang Symbolkraft hat

Ich fühlte mich von Zuversicht geleitet
überwand die Angst und sah die andere Seite
wo die frohe Botschaft Blüten trieb
und das Böse ganz es selbst um Gnade bat

20.

Es schließen sich keine Kreise
im Leben nicht
und auch nicht darüber hinaus
im großen zeitlichen Rahmen

Die Mondzyklen tanzen eine Wiederkehr
von der wir nichts haben
denn wir sind anders
als der Mond nicht auf Bahnen

Unsere Wege bilden Muster
Wildwechsel in bewohnten Vierteln
bis sie in ruhigen Gärten enden
wo viele schon in Frieden ruhen

21.

„Bei Gleichheit entstünde nichts Neues"
schreibt Elke Erb
und meint die zwischen Welt und Gedicht
ich lasse den Satz auch ohne die beiden gelten

Und doch – in der Musik von Riley Glass und Reich
führt allein die Wiederholung kleinster Motive
zu unscheinbaren Variationen aus denen
immer neue Wahrnehmungen erblühen

Gleichheit ist eine Form des Nichts
das ist wahr und Auflösung der Seele
gegen die aber noch solcherlei minimales Neues
Auflehnung ist im Seelendienst

22.

Nun
zum Glück ist uns die Vergangenheit fern
wer ertrüge denn auch ihre Unabänderlichkeit
in ihrer uns so fremden Raum- und Zeitlosigkeit

Denn
der Herzschlag hat dort keinen Wert
nichts erodiert mehr in der Gewesenheit
keine Blume blüht kein Leben ist und erlischt

So
lernen wir die Gegenwart schätzen
den schmelzenden Schnee wie den Riss im Gemäuer
den jähen Schreck beim Anblick von Schönheit und Verfall

Das
Leben feiert sich selbst im ständigen Wandel
ist Maskenball Messe und Blues nach dem Sex
ist Glücksgefühl inmitten all der Vergänglichkeit

23.

Ich versuche es erst gar nicht als Chronist
zu erratisch ist mein Blick
bin Ruderboot auf unberechenbaren Wellen
ein Gemäuer über einem Magmafeld

Wer treu notiert was wann wo geschah
hat mit Material zu tun das sich mit
jedem neuen Blick Eindeutigkeit entzieht
und damit etwa nicht für eine Brücke taugt

Dieses ständig andere Sehen ist ein Teil von uns
ist mal Hammer Leiter Beitel oder Stift und
die Dinge die dabei entstehen sind mythisch
und magisch nehmen sie sich der Wirklichkeit an

Die Sicherheit von Ingenieuren bewundere ich
den Statiker der weiß was Sache ist
all das Messen und Berechnen und die Verlässlichkeit
die das Vertrauen weckt dass wir sicher landen

24.

Ich zähle die Schritte bis zur Kreuzung
die Zeit die mir bleibt bis ich
mich entscheiden muss aufgeregt
als ob es Schicksal wäre

Dann sehe ich die Spuren auf dem Asphalt
neongrün die Kontur eines Körpers
und Linien die ich nicht verstehe
aber sehe als Aufprall und Schmerz

Mein Weg danach ist ein anderer
mein Glück erkauft in einem Tauschgeschäft
stöhnt auf wie ein verwundetes Tier
als wär's an mir gewesen hier zu liegen

25.

Oho
dieser Morgen katapultiert mich
weit in die Vergangenheit
die Sonne scheint
so wie damals
als mein Herz wehtat
vor lauter Unentschiedenheit

Ich war jung
und ich war dumm
vor Sehnsucht nach der einen
die mir jetzt erscheint
wie ein Kostüm aus einer Kiste
in der all der Plunder steckt
der wegkann

Naja
jetzt ist sie wieder da
als Schmerz und Glück zugleich
geweckt von Licht und Vogelschrei
erfüllt mich ganz und gar
bis auf das Herz denn dem ist es
unterhaltsames Schauspiel nur und einerlei

26.

Ich trinke ganze Flüsse leer
atme Orkanböen und Stürme
denke bis an den Rand der Schöpfung

Meine Hand ist wie eine Wolkenwand
meine Bauchdecke sendet Beben
bis in ferne Fundamente

Ich bin das Licht das sich bricht
im strömenden Regen
das Funkeln und Gleißen

Die Bergkuppe ist mir Thron und Katheder
in den Adern fließt Wahrheit
da und natürlich verborgen

Mythenstoffe wie Schwaden
Stimmen die in Felsen nisten
Teleologie im Binden der Schuhe

27.

Schotter unter den Füßen
die Böschung gibt ein wenig nach
in einem kurzen Rauschen
einzelne Kiesel rollen weiter

Am Saum zieht der Fluss dahin
fast wellenlos in der Windstille
im Strömen zeigt sich
das Wirken der Zeit

In den Auen zu gehen
ist wie ein Tauchgang
hoch in den Astgabeln noch
Treibgut von der letzten Flut

Mein Stein lässt eine Welle
in tausend Splitter zerschellen
titscht auf einer anderen auf
taucht ein und ab für immer

28.

Mein Vater sagt er
und ich weiß was er meint
auch meiner ist so einer
Menetekel auf einer Wand

Homo faber mit harter Hand
und auch ein Mann
der was verloren hat
und es nicht mehr finden kann

Worte pflanzt er wie Palisaden
weil er Wesen die Flügel haben
wo kämen wir denn da hin
von Grund auf schon immer misstraut

29.

Der Sturm hat die Sichtachsen verändert
so manche Krone ist zerbrochen
der Zaun hat sich verwandelt
in ein Riesenmikado im Gelände

Zwar stehen die Mauern unversehrt
doch die Türen sind verschlossen und verriegelt
und Schemen in den Fenstern schauen
als seien sie Wächter mit höchster Gewalt

Zu hören sind nur meine Schritte
auf dem nassen gleißenden Asphalt
und in der Ferne die Bahn deren Licht
blitzt denn hier macht sie nicht mehr halt

30.

Die Luft hier war schon in Cawdor
mancher Stern stand über Jakobs Leiter
und im Regen ist noch so viel Ozean
dass ich Ausschau halte nach Ahab und der Pequod

Wo die großen Geschichten entstanden
steht ein Tisch ein Stuhl und eine
Kerze brennt wie im Bauch des Wals
und die Zunge ist nah an Himmel und Vergehen

31.

Ich muss einfach fortfahr'n
da ist kein Laugharne
in meinem Leben
kein Walden Pond kein Theben
stehe nirgends unter Vertrag
und alles was ich sag
ist ganz frei vom Streben
nach Rang Ruhm und Wichtigtun
und ich möchte niemals gottgleich ruh'n
als hätte ich an Tag sieben mal so eben
eine Formel gefunden und nun
ist nur noch so und so vom Leben zu reden

Ich muss einfach fortfahr'n
tun was ich schon lange getan
in meiner Straße in Niehl
Figur im eigenen Spiel
und an den festgelegten Tagen
immer neu losziehen und was wagen
gehe auf jeden Sonnenaufgang zu
und erwarte mir dabei aber schon
auch bei Wettern einen bislang ungehörten Ton
der mir Einsicht bringt und Freude dazu
ein Original bitte und keinen Klon
denn sinnvoll soll sein was ich hier tu